Christian von Aster

Der WG-Triumphator
Handbuch für Mitbewohner

Der WG-Triumphator
Handbuch für Mitbewohner

Die Deutsche Bibliothek - CIP Einheitsaufnahme

Der WG-Triumphator
Handbuch für Mitbewohner
Christian von Aster
1. Auflage - Kiel : Achterbahn AG, 2000
ISBN 3-89719-069-9

Achterbahn AG
Werftbahnstraße 8
24143 Kiel
www.achterbahn.de

Illustration und Cover: Murat Kaya
Layout: Mira Antonijevic
Herausgeber: Ach & Krach Verlag GmbH, Hamburg

Gesamtherstellung:
Nieswand Druck GmbH, Kiel

1. Auflage 2000
ISBN 3-89719-069-9

© Achterbahn AG, Kiel

INHALT

VORWORT
Mitwohnen ist kein Zuckerschlecken *6*

DIE WG ALS LEBENSRAUM
klönen, kuscheln, Kinder kriegen *8*

KLEINE TYPOLOGIE
wer wo mit wem oder auch nicht und vor allem warum ... *13*

DIE MULTIPLE PERSÖNLICHKEIT
ein Sonderfall im Rahmen der Mitbewohnertypologie *28*

ANDERE PROBLEME
die wohngemeinschaftsinterne Eigentumsfrage *31*

DIE TÜCKEN DES ALLTAGS
Stolperfallen für WG-Neulinge *35*

FREIZEITAKTIVITÄTEN
Hobbies auf dem Prüfstand der WG-Tauglichkeit *46*

SURVIVAL OF THE FITTEST
Entfernung eines schadhaften Individuums aus
einem funktionierenden Kollektiv *56*

BÖSE FALLE
Katalog wohngemeinschaftlicher
Strafmaßnahmen *62*

KURIOSA
Ungewöhnliches *69*

CHECKLISTE FÜR DEN OPTIMALEN MITBEWOHNER *74*

LEXIKALISCHER ANHANG
Von Abwasch bis Zentrifugalstaubsauger *78*

VORWORT

Mitwohnen ist kein Zuckerschlecken

Auch bei diesem Druckerzeugnis besteht der Autor auf der Klarstellung der außerordentlichen Fundiertheit der getroffenen Aussagen.

Im Rahmen seiner aufopferungsvollen Recherchen zu diesem Buch zog er durch - aufgerundet - annähernd 72 verschiedene Wohngemeinschaften verschiedener Kulturen.

Das Weiterziehen erfolgte nicht immer freiwillig, da zur Überprüfung verschiedener Theorien die Durchführung von Beischlaf mit Lebensabschnittspartnerinnen von Mitbewohnern, Hausschlachtung und satanische Messen seitens des Autors vonnöten waren, was zumeist mit seiner Entfernung aus der Wohngemeinschaft geahndet wurde.

In Wirklichkeit ist der Autor weder unordentlich noch anstrengend und verwahrt sich grundsätzlich gegen alle Vorwürfe und Ansprüche, die ehemalige Mitbewohner gegen ihn erheben.

All das bedeutet jedoch in keiner Weise seine Untauglichkeit bezüglich des Zusammenwohnens, sondern vielmehr den rückhaltlosen Einsatz für das Ausloten der Grenzen des Zusammenwohnens im Allgemeinen und Speziellen.

Doch wie er es gewohnt ist, blüht dem Autor trotz rückhaltlosen Einsatzes, 72-maligem Einbehalten seiner Mietkaution und verschiedenen dubiosen Versicherungsfällen auch hier kein Dank...

Dennoch zieht der Autor jedes Mal in der Gewissheit mit anderen Menschen zusammen, dass es beim nächsten Mal funktionieren wird.

VORWORT

Mitwohnen ist kein Zuckerschlecken

Auch ohne dass dieser Fall je eingetreten wäre, gelang es dem Autor im Rahmen seiner Versuche präzise wissenschaftliche Messungen und prägnante Thesen über das Phänomen der temporären Wohngemeinschaft aufzustellen, die sowohl dem Neuling als auch dem Veteranen vollkommen neue Möglichkeiten im weiten Feld des Zusammenlebens eröffnen.

Nehmen Sie, werter Leser, sich also die Zeit und gehen Sie mit der nötigen Offenheit und dem nötigen Ernst an diesen Ratgeber heran, in den so viel Schweiß, Blut und Tränen geflossen sind.

Die Möglichkeit, am Wissen des Autors teilzuhaben, ist der Schlüssel zu glücklichem Mitbewohnertum.

Zumindest für einen der Beteiligten.

Kapitel 1

DIE WG ALS LEBENSRAUM

Die WG als Lebensraum

klönen, kuscheln, Kinder kriegen

Abgesehen von der sozialen und therapeutischen Bedeutung der gewöhnlichen Wohngemeinschaft, ist ihre Bedeutsamkeit als klassischer Lebensraum nicht zu unterschätzen.

Betrachtet man das Ganze unter der Metapher des Tierreichs, gelingt es Nashörnern, Warzenschweinen und Zwergkaninchen sich gemeinsam ein Nest zu teilen.

Dass hierbei das Nashorn die Nahrung des Zwergkaninchens frisst und das Warzenschwein als einziges immer den Abwasch macht, ist eine andere Sache.

Auf der menschlichen Ebene jedenfalls finden sich Individuen auf Grund der vagen Mutmaßung miteinander leben zu können zusammen und zelebrieren ein Phänomen namens Wohngemeinschaft. In diesem Rahmen wird zunächst und unter Beteiligung aller Teilnehmer ein individueller Lebensraum geschaffen.

Tatsächlich wird es kaum möglich sein, zwei auch nur annähernd identische Wohngemeinschaften ausfindig zu machen; denn neben dem lebenspraktischen Anteil variiert nicht zuletzt auch der rituelle von Fall zu Fall erheblich; gemeinsame Gebete, Einkäufe oder Fernseh- und Kuschelstunden unterliegen niemals den gleichen Gesetzen...

Die WG als Lebensraum

klönen, kuscheln, Kinder kriegen

Zudem ist die Wohngemeinschaft ein Ort der Begegnung, wo man einander näher kennenlernt um herauszufinden, dass man darauf eigentlich auch hätte verzichten können. Und dennoch wagen sich verwegene Männer und Frauen immer wieder in das zerklüftete Gestade des gemeinschaftlichen Wohnens um den Stürmen zu trotzen, die Klippen zu umschiffen um irgendwann festzustellen, dass die Wohnung doch zu klein und Stefan eigentlich doch ein Arsch ist...

Dabei ist das Ganze nicht einmal neu. Die Geschichte der Wohngemeinschaft ist etwas älter als die der Menschheit. Nicht selten teilten sich einander sympathische Primaten, des opponierbaren Daumens noch entbehrend, eine Baumkrone und verstießen nicht minder selten den blöden Affen, der sich nie um den Abwasch kümmerte.

Die WG als Lebensraum

klönen, kuscheln, Kinder kriegen

Auch die später aufkommende steinzeitliche Gemeinschaftshöhle war ein klassischer Vorläufer der uns bekannten Wohngemeinschaft, beinhaltete jedoch im Gegensatz zur heutigen Zeit die Möglichkeit, untaugliche Mitbewohner aufzuessen.
Im Laufe der Jahrhunderte entwickelte sich die Wohngemeinschaft daraufhin zu dem was wir heute darunter verstehen. Und in all diesen Jahren häuften sich zahlreiche Weisheiten und Erkenntnisse an, deren Beachtung für das Schaffen einer harmonischen Wohngemeinschaft nicht unwichtig ist.

Dieses kleine Handbuch ist eine Zusammenfassung gebündelter wohngemeinschaftlicher Weisheit, ein sprudelnder Quell anwendbarer Mitwohnweisheit und ein Wegweiser in die Gefilde glücklichen Wohnens.

IST ES EIN VOGEL?
IST ES EIN FLUGZEUG?

NEIN, ES IST SUPERMITBEWOHNER!!!

Die WG als Lebensraum
klönen, kuscheln, Kinder kriegen

Kapitel 2

KLEINE TYPOLOGIE

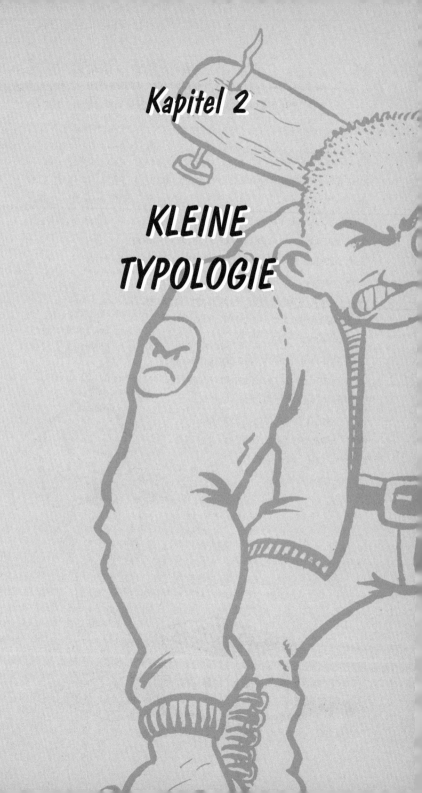

KLEINE TYPOLOGIE

wer mit wem oder auch nicht und vor allem warum

ALTERNATIVE

Der/die Alternative ist ein unterhaltsamer Mitwohngenosse, der den Abwasch in der Regel ohne Murren bewerkstelligt, sein kiloweise selbstgezogenes Gras zu teilen bereit ist und größten Wert auf akribische Mülltrennung legt.

Bei Langeweile ist der Alternative gern bereit ein wenig zu diskutieren.

Allerdings muss der Alternative im Auge behalten werden, bevor er die Energieversorgung der Wohnung eigenmächtig auf Sonnenstrom umstellt, den von ihm geleiteten Volkshochschulkurs „Müsli, aber richtig" in der Wohnung abhält und aus Wasserspargründen die Klospülung nur einmal täglich betätigt.

KLEINE TYPOLOGIE 15

wer mit wem oder auch nicht und vor allem warum

YUPPIES

Der Yuppie ist ein dankbarer Mitbewohner. Mitunter stehengelassenes Geschirr wiegt er durch häufige Abwesenheit auf, während der er niemanden nerven und jeder seine High-Tech-Anlage oder seinen Breitbandfernseher benutzen kann. Außerdem lässt der Yuppie sich durch fingierte Telefonate leicht aus der Wohnung locken, wenn etwa Herr X, Vorsitzender der Firma Y, ihn in Z zu sehen wünscht.

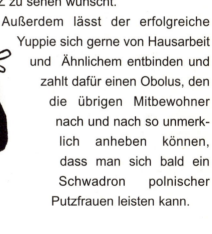

Außerdem lässt der erfolgreiche Yuppie sich gerne von Hausarbeit und Ähnlichem entbinden und zahlt dafür einen Obolus, den die übrigen Mitbewohner nach und nach so unmerklich anheben können, dass man sich bald ein Schwadron polnischer Putzfrauen leisten kann.

KLEINE TYPOLOGIE
wer mit wem oder auch nicht und vor allem warum

EXOTEN

Der Exot ist ein in vereinzelten Fällen überaus vorzeigbarer Mitbewohner, zeigen sich Freunde, Verwandte und Bekannte doch nicht selten beeindruckt von Mitbewohnern wie Eskimos, Drag-Queens oder Popstars.

Dennoch ist der Exot auf längere Sicht nicht wirklich zum Mitwohnen geschaffen, ist es nicht zuletzt sein krankes Ego (außer vielleicht bei den Eskimos), das ein erfolgreiches Zusammenwohnen misslingen lässt. Spätestens wenn der Exot seinen Individualitätsbonus einfordert, müssen Vorzeigeaspekt und praktischer Mitwohnaspekt einer genauen Prüfung unterzogen werden.

Im Regelfall empfiehlt es sich, zum Vorzeigen einen dressierten Hund oder einen sprechenden Papageien zu benutzen, die man gegebenenfalls ruhigstellen kann.

KLEINE TYPOLOGIE

wer mit wem oder auch nicht und vor allem warum

NORMALE

Der/die Normale ist eine nur allzu oft unterschätzte Gefahr für die gesunde Wohngemeinschaft, ist es doch der Normale, der in der Demokratie die Mehrheit und somit die Verantwortung für die Ausstrahlung einer Unzahl hirnrissiger Talkshows und die Beliebtheit der Diddlmaus innehat. Würden Sie mit so jemandem zusammenwohnen wollen?
Der Normale ist die Keimzelle der Abnormität! Abgesehen davon geht der Vorzeige-Effekt des normalen Mitbewohners linear gegen Null.

Um genau zu sein, vermag der normale Mitbewohner nicht einmal sein Spiegelbild wirklich zu beeindrucken, und wenn man ehrlich ist, dann ist die Wirkung eines Satzes wie: „Und das ist mein normaler Mitbewohner." durchaus zu bezweifeln...

KLEINE TYPOLOGIE

wer mit wem oder auch nicht und vor allem warum

SATANISTEN

Obwohl auch in vielen Fällen geistreich und gebildet, mitunter gar mit einem gewissen Unterhaltungswert versehen, ist die Mitwohntauglichkeit standardisierter Satanisten äußerst gering, vor allem wenn ihr Einzug die zukünftig wohnungsinterne Feier schwarzer Messen beinhaltet (siehe Kapitel Freizeitaktivitäten). Gerade die Suche nach Opferrohstoffen ist in diesem Zusammenhang eine problematische Angelegenheit. Auch wenn der Hamster vom satanistischen Mitbewohner noch so liebevoll an das herumgedrehte Kreuz genagelt wird, wird sich in seinem Eigentümer keine wirkliche Freude breitmachen.

KLEINE TYPOLOGIE

wer mit wem oder auch nicht und vor allem warum

Weder die Rückgabe des benutzten Tieres noch etwaige Worte des Bedauerns werden daran etwas ändern.
Gleiches gilt zudem für Pudel, denen die Herzen herausgerissen und Sittiche, denen die Köpfe abgebissen wurden.

SKINHEADS

Der Skinhead als Mitbewohner gewährleistet zwar eine konstante Abwesenheit von Langeweile, entweder weilt eine freundliche Gruppe von Kameraden zu Besuch, oder es ertönt arisches Liedgut, oder aber vor der Tür steht eine Gruppe südländischer Nichtkameraden, die das Bedürfnis nach einer Unterredung mit dem kurzhaarigen Mitbewohner hat.

KLEINE TYPOLOGIE
wer mit wem oder auch nicht und vor allem warum

Nicht zu vergessen sind auch spontane Polizeirazzien, die nicht nur die Zerstörung der Haustür sondern in verschiedenen Fällen auch die Inhaftierung verschiedener Mitbewohner zur Folge haben. (Sollten Sie bereits mit einem Skinhead zusammen wohnen, stellen Sie sicher, dass er seine Hakenkreuzflagge zumindest nicht unter ihrem Bett versteckt hat).

Gewährleistet all dies die Abwesenheit von Langeweile, wird dem einen oder anderen in diesem Zusammenhang unweigerlich klar, dass Langeweile nicht nur Nachteile hat, weshalb sie in vielen Fällen dem Skinhead als Mitbewohner vorzuziehen ist.

KÜNSTLER

Künstler (besonders Autoren) sind dankbare und wunderbare Mitbewohner, denen jeder Wunsch von den Augen abzulesen ist und die mit auszunehmender Freundlichkeit zu behandeln sind. (Ich hoffe, meine Mitbewohner lesen dies mit der nötigen Ernsthaftigkeit.)

Der Einfallsreichtum des Künstlers ist in jeder nur erdenklichen Art und Weise zu fördern und die Mitbewohner eines Künstlers sollten sich grundsätzlich dazu verpflichtet fühlen, für sein geregeltes Sexual-

KLEINE TYPOLOGIE

wer mit wem oder auch nicht und vor allem warum

leben, angemessene Bezahlung und ausreichende Freizeit zu sorgen. Körperliche Arbeit ist für das sensible Wesen des Künstlers allerdings ein Problem, wofür alle Mitbewohner das nötige Verständnis aufbringen sollten.

INTROVERTIERTE

Die Mitwohntauglichkeit des Introvertierten macht sich vor allem an dem Maß seiner Introvertiertheit fest.

Hat er nämlich das Bedürfnis, sich sogar vor der Spüle und der Waschmaschine in sich selbst zurückzuziehen, deuten sich einige lebenspraktische Engpässe an, die zu überwinden in den meisten Fällen Stress bedeutet. Davon abgesehen hält der introvertierte Mitbewohner gerne seinen Mund

und zieht sich in sein Zimmer zurück. Erfüllt er alle ihm zugewiesenen Aufgaben ohne Murren, ist ihm ein Schlafplatz anzubieten.

Der potentielle introvertierte Mitbewohner ist vor Beginn des Zusammenwohnens einer oder zweier Testwohnwochen, quasi dem Grundwohndienst, zu unterziehen um seinen Tauglichkeitsgrad festzustellen.

KLEINE TYPOLOGIE

wer mit wem oder auch nicht und vor allem warum

UNDURCHSICHTIGE

Der undurchsichtige Mitbewohner ist ein Untertypus der Exoten. Manchmal ist allerdings nicht einmal klar, ob er ein Exot ist. Das liegt jedoch ganz allein an dem Maß seiner Undurchschaubarkeit. Beim wirklich undurchschaubaren Mitbewohner ist weder klar, ob er anwesend ist, seine Miete überhaupt zahlt oder womöglich doch den Abwasch gemacht hat.

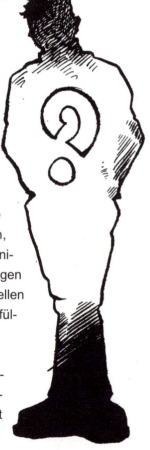

Ebenso könnte er jedoch mit irgendeiner Lebensabschnittspartnerin eines Mitbewohners geschlafen, den Pudel vom Balkon geworfen haben oder ganz woanders wohnen. Das ist der Fluch der Undurchschaubarkeit.

Um den Einzug eines undurchschaubaren Mitbewohners in eine Wohngemeinschaft zu verhindern, sind zahlreiche intime und einige weniger intime Fragen in einen Fragebogen zu übernehmen, der von dem potentiellen Mitbewohner wahrheitsgemäß auszufüllen ist.

Nach der Auswertung der Antworten können Sie diesen Fragebogen wegwerfen, da der undurchsichtige Mitbewohner ohnehin zu lügen gewohnt ist.

KLEINE TYPOLOGIE   23
wer mit wem oder auch nicht und vor allem warum

GUTMENSCHEN
Der Gutmensch ist eine dem Alternativen durchaus verwandte Gattung. Sein Vorteil liegt vor allem in dem unmenschlichen Ausmaß seines Verständnisses.

Jede Schwäche seiner Mitbewohner versucht der Gutmensch nicht selten durch vollen persönlichen Einsatz wettzumachen, ob es sich um den Abwasch, finanzielle Engpässe oder eine libidinöse Notsituation handelt. Der wirkliche Gutmensch erwartet keinen Dank, sondern vernimmt allabendlich aus dem Munde einer übergeordneten Wesenheit ein wirklich ehrlich gemeintes und ihm vollauf ausreichendes „Dufte Du!".

Der echte Gutmensch jedoch ist nicht nur höchst selten, sondern überdies vom Aussterben bedroht. Durch verschiedene genetische Übergriffe sind inzwischen Egomanen mit Gutmensch-Genen verquickt, weshalb in vielen Fällen nicht bloß Dank, sondern verschiedentlich auch Gegenleistungen erwartet werden.

Hüten Sie sich also vor vermeintlichen Gutmenschen bis diese Ihnen ein Gutmenschzertifikat vorlegen können.

KLEINE TYPOLOGIE
wer mit wem oder auch nicht und vor allem warum

PHILOSOPHEN

Wenn man von seinem praktischen Aspekt absieht, ist der Philosoph eine überaus taugliche Mitwohnerscheinung. Sofern man gerne geistreiche Sprüche hört, ist man mit ihm bestens bedient, und der unterlassene Abwasch wird ebenso wie der nicht minder unterlassene Einkauf durch ein aristotelisches Zitat aufgewogen. Auch wenn er sonst zu nicht allzu viel nütze ist, kann der philosophisch orientierte Mitbewohner letzten Endes immer noch zu Alltagsproblemen befragt werden. Er wird für alles eine Antwort haben. Allerdings wird man nicht alle Antworten verstehen:

Tibetanische Gleichnisse über gescheiterte Beziehungen, altgriechische Aphorismen über die Verteilung von Aufgaben an sich und lateinische Zitate über Probleme am Arbeitsplatz. Manche Leute sind davon begeistert und nehmen für so viel Weisheit gerne mangelnde Arbeitskraft in Kauf. Wenn der Philosoph jedoch von Beziehungen, Alltagsproblemen und solchen am Arbeitsplatz redet, ist zu bedenken, dass er in den seltensten Fällen mit irgendeinem dieser Bereiche je wirklich etwas zu tun gehabt hat...

KLEINE TYPOLOGIE 25
wer mit wem oder auch nicht und vor allem warum

DESPOTEN

Menschen, die nach Strukturen und Direktiven gieren, werden im despotischen Mitbewohner ihre Glückseligkeit finden. Die Last einer jedweden freien Entscheidung wird ihnen fortan abgenommen und durch das strenge Regiment eines Mitbewohners ersetzt, der die zusammenwohnende Gemeinschaft wie ein Infanteriebataillon organisiert.

Wenn es nötig ist, werden Befehlsverweigerer erschossen oder gekielholt, davon abgesehen jedoch ist das Klima, besonders in den Gefechtspausen von einer zwischenmenschlichen Wärme gekennzeichnet, die sich in der Gegend von 0°C bewegt.

Wer dem despotischen Mitbewohner gefallen will, bastelt ihm ein albernes Krönchen und macht sich zu seinem Hofnarren.

KLEINE TYPOLOGIE
wer mit wem oder auch nicht und vor allem warum

INTELLEKTUELLE

In seinen Grundstrukturen und seinem praktischen Mitwohneffekt dem Philosophen nicht unähnlich, beinhaltet die Anwesenheit eines intellektuellen Mitbewohners doch zumindest eine Art interaktiven Aspekt: die wohngemeinschaftsinterne Diskussion.

Diese schärft die Sinne und verbessert nach und nach die eigene Rhetorik und Argumentationsstruktur. Nicht selten jedoch sind Abwasch oder Einkauf zentrales Element solcher Diskussionen und erstaunlicherweise meist dann, wenn eigentlich der intellektuelle Mitbewohner an der Reihe wäre das eine oder andere zu tun.

Verschiedene Wohngemeinschaftsforschungseinrichtungen vertreten die These, dass der intellektuelle Mitbewohner diese Diskussionen in der Gewissheit vom Zaune bricht, dass sich nach zwei Stunden ergebnisloser Diskussion schon irgendein Dummer finden wird, der seine Aufgabe übernimmt, damit endlich Ruhe ist.

Basierend auf seinen Erfahrungen ist der Autor geneigt dieser Theorie zuzustimmen.

KLEINE TYPOLOGIE

wer mit wem oder auch nicht und vor allem warum

Der Mann, der hier schreibt, hat natürlich nicht ganz Unrecht, aber jeder der einmal an einem Treffen der anonymen Mitbewohner teilgenommen hat, weiß, dass es bloß zwei Arten von Mitbewohnern gibt: Die funktionstüchtigen und die defekten. Die zweiten wird man ebenso schwer los wie kaputte Fernseher. Meistens stehen sie noch ein ganzes Jahr in der Wohnung herum, bis irgendein entfernter Bekannter plötzlich meint, damit noch etwas anfangen zu können.
Und die Müllabfuhr nimmt sie auch nicht mit.

Kapitel 3

DIE MULTIPLE PERSÖNLICHKEIT

DIE MULTIPLE PERSÖNLICHKEIT

ein Sonderfall im Rahmen der Mitbewohnertypologie

Ein außerordentliches Phänomen innerhalb der normalsterblichen WG ist das der multiplen Persönlichkeit.
Die diesem Krankheitsbild zu Grunde liegende Persönlichkeitsspaltung einer Person in mehrere Personen ist für die jeweiligen Mitbewohner nach Überwindung moralischer Skrupel recht effektiv auszunutzen. Wenn etwa Bernd mitunter der Meinung ist, Susanne zu sein, oder Horst oder Dieter, dann ist das Eintragen aller vier auf dem Abwasch- und Raumreinigungsplan nur legitim und vergrößert die Freizeit der persönlichkeitsungespaltenen Mitbewohner um ein Vielfaches.

Um aber allen vier Identitäten Mietzahlungen abknöpfen zu können, bedarf es einiger Geschickes, weil Susanne, Horst und Dieter sich doch fragen könnten, weshalb sie mit Bernd in einem Zimmer wohnen müssen...
Ein negativer Punkt ist in diesem Zusammenhang die Auswirkung einer multiplen Persönlichkeit auf demokratische Abstimmungsverfahren, wird eine Person damit doch unweigerlich vier Stimmen bekommen und somit die Anschaffung eines neuen Fernsehers für den Gemeinschaftsraum ohne weiteres verhindern können.

DIE MULTIPLE PERSÖNLICHKEIT

ein Sonderfall im Rahmen der Mitbewohnertypologie

Bei allen Einsatzmöglichkeiten der multiplen Persönlichkeit im Rahmen des gemeinschaftlichen Lebens ist von einem Zusammenwohnen mehrerer multipler Persönlichkeiten unbedingt abzuraten. Während man selbst nämlich überlegt, ob Bernd gerade Susanne, Horst oder Dieter, Carsten gerade Christian, Claudia oder Uwe und Steffi gerade Claus, Matthias oder Rolf ist, gerät man doch allzu leicht selbst in die Gefilde des Wahnsinns, aus denen ein Entkommen mitunter nur schwer möglich ist.

Kapitel 4

ANDERE PROBLEME

ANDERE PROBLEME
die wohngemeinschaftsinterne Eigentumsfrage

In Bezug auf persönliches Eigentum entwickelt der Lebensraum Wohngemeinschaft zwei extreme Tendenzen: „Deins ist meins" und „Fass meins nicht an!". Jedwede andere zu findende Regelung spannt sich zwischen diesen beiden und variiert dementsprechend lediglich in verschiedenen Größenordnungen. Vor der Klärung der allgemeinen Besitzverhältnisse innerhalb einer Wohngemeinschaft ist im Regelfall kein zivilisiertes Leben in derselben möglich.

VARIANTE 1
DEINS IST MEINS

Diese Variante der Betrachtung wohngemeinschaftlicher Besitztümer kann nur auf wechselseitiger Basis funktionieren. Allzu oft jedoch manifestiert sich die Problematik des „DEINS IST MEINS, ABER MEINS NICHT DEINS" und führt zu aufkommendem Unmut.

Der überaus hehre und edle Ansatz alles zu teilen muss aus dem innersten Selbst eines jeden Mitwohnenden entstehen, womit auch der unmissverständliche Wollsockenaspekt dieses Ansatzes offenbar wird.

Natürlich gibt es auch in diesem Rahmen verschiedene Mogelmechanismen, wirklich funktionieren kann das „DEINS IST MEINS"-Programm nur, wenn es gleichsam „MEINS IST DEINS" bedeutet. Ergo muss alles geteilt werden. Jeder Mitbewohner muss seinen Teil der Arbeit erledigen, darf die Unterwäsche seiner Mitbewohner tragen und jedes technische Gerät und jeden mit der Wohngemeinschaft in Verbindung stehenden Lebensabschnittspartner benutzen.

ANDERE PROBLEME

die wohngemeinschaftsinterne Eigentumsfrage

Bezüglich der nicht funktionierenden Variante hier die Aussage eines Betroffenen:
„Wenn mein Mitbewohner der Meinung ist, dass der Inhalt seines Portmonees für gewisse Belange nicht ausreicht, und darob auf mein Bargeld zurückgreift um seine Stereoanlage zu finanzieren, kann er nicht damit rechnen, mein Telefon zu benutzen wenn sein Zimmer brennt.
Meine Meinung. Sein Pech."

VARIANTE 2
„FASS MEINS NICHT AN!"

Eine harsche und kompromisslose Betrachtungsweise der Eigentumsthematik, die allerdings eine gewisse Bereitschaft zur Konsequenz voraussetzt.
Der in diesen Belangen versierte Wohngemeinschaftler greift nach verschiedenen negativen Erfahrungen in anderen Wohngemeinschaften auf kleine Klebeschildchen zurück und geht zur akribischen Kennzeichnung aller erdenklichen Gegenstände mit seinem Namen über. Plötzlich ziert jedes zweite Blatt des gemeinschaftlich erworbenen Klopapiers ein kleiner Zettel mit dem Namen des Mitbewohners, für den Kühlschrank, den seine Mutter bezahlte, darf der Nichtbesitzer nunmehr Miete zahlen und der Flüssigkeitsstand in Flaschen wird mit Strichen markiert um jeden unrechtmäßig genommenen Schluck zu ahnden.
Die Verletzung der Eigentumsverhältnisse kann von einer Rüge bis zur standrechtlichen Erschießung beinahe alles Unangenehme zur Folge haben.

ANDERE PROBLEME

die wohngemeinschaftsinterne Eigentumsfrage

Kapitel 5

DIE TÜCKEN DES ALLTAGS

DIE TÜCKEN DES ALLTAGS
Stolperfallen für WG-Neulinge

ABWASCH

Der Abwasch ist einer der großen WG-Prüfsteine. Mit seiner Erledigung oder auch Nichterledigung steht und fällt nicht selten die wohngemeinschaftliche Laune.

Der Abwasch wird für gewöhnlich in der Gewissheit stehengelassen, dass irgendjemand (siehe lexikalischer Anhang) sich schon darum kümmern wird. Das Problem ist dabei nur, dass dieser irgend jemand davon im Regelfalle nichts weiß, weshalb das Spülbecken nicht selten Schauplatz großangelegter biologischer Feldversuche wird.

Der WG-Neuling muss vor allem darauf achten, dass er nicht unter fadenscheinigen Argumenten zum Abwasch gezwungen wird. Das klügste Verhalten ist Benutzung und unreflektierte Ablage des benutzten Geschirrs auf der Spüle in der Gewissheit, dass irgendjemand sich schon darum kümmern wird.

Einer alten Legende zufolge hat Kain seinen Bruder Abel auf Grund des nichtgemachten Abwaschs erschlagen.

Seit Anbeginn der Menschheitsgeschichte wird darum nach einer effizienten Methode zur Regelung dieses Problems gesucht.

Bis dato ohne Erfolg.

DIE TÜCKEN DES ALLTAGS

Stolperfallen für WG-Neulinge

KÜHLSCHRANK

Der Kühlschrank ist eine der klassischen Stolperfallen. Seine Rolle als Altar der genusssüchtigen Konsumgesellschaft wird allzu oft von unbedarften WG-Greenhorns unterschätzt. In ihm nämlich hat nicht nur Ordnung zu herrschen, sondern auch selektive Nahrungsaufnahme stattzufinden. Denn Nutella ist nicht gleich Nutella (näheres in dem Kapitel „DEINS IST MEINS UND ANDERE PROBLEME") und muss in diesem Kontext vornehmlich in mein und Dein Nutella unterschieden werden.

LEBENSABSCHNITTSPARTNERINNEN

Der Lebensabschnittspartner des Mitbewohners ist ein selten reflektiertes aber nicht zu unterschätzendes Problem. Auch ohne dass man sexuellen Kontakt mit ihm pflegt. Der Lebensabschnittspartner, respektive das weibliche Pendant sind die Diven der Wohngemeinschaftlichkeit, ist es doch von außerordentlicher Importanz, sie so zu behandeln, wie sie es schätzen. Allzu schnell überträgt sich sonst der Unmut seines Lebensabschnittspartners auf den Mitbewohner, von wo aus

DIE TÜCKEN DES ALLTAGS

Stolperfallen für WG-Neulinge

er sich schnell zu einem persönlichen Problem entwickelt. Wessen unglücklicher Fuß diese vergnügliche Tretmine des Mitbewohnerumfeldes einmal zum Explodieren brachte, weiß, dass es sich keineswegs um einen Einzelmechanismus handelt; versäumt man zum fraglichen Zeitpunkt die gesteigerte Sensibilität des fraglichen Lebensabschnittspartners wahrzunehmen.

Generell lässt sich zusammenfassend feststellen, dass die LebensabschnittspartnerInnen von MitbewohnerInnen weder zu beschlafen noch schlecht zu behandeln sind.
Alles dazwischen ist jedoch legitim.

EINKAUF

Der Einkauf ist ein nötiges Übel, das - sofern keine konkrete Regelung getroffen wurde - von niemand Geringerem als irgendjemand erledigt wird (siehe lexikalischer Anhang).

Das Auffüllen von Kühlschrank und Vorräten ist zwar unerlässlich für den Fortbestand der menschlichen Spezies, doch nichtsdestotrotz eine zumeist stiefmütterlich gehandhabte Angelegenheit.

DIE TÜCKEN DES ALLTAGS

Stolperfallen für WG-Neulinge

MIETE

Das Zahlen der Miete ist die rituelle Handlung, die den Zusammenhalt der Gemeinschaft garantiert; der kleinste gemeinsame Nenner. Die Zuständigkeit für das Zahlen der Miete kann sich auf vielerlei Weise gestalten. Bareinzahlungen, dubiose Konten mit noch dubioseren Einzugsermächtigungen und im günstigsten Fall eine Regelung durch die Erzeuger des jugendlich ungestümen Mitwohnenden sind möglich.

Die Miete ist der zentralste Aspekt des Zusammenwohnens. Ihre Zahlung ist von so außerordentlicher Bedeutung, dass manche Leute - die sich nicht einmal leiden können - nur zusammen zu ziehen scheinen, um gemeinsam Miete zu zahlen.

Phänomene sind etwa Vermieter, welche die Miete noch drei Monate nach Auszug und Kündigung abbuchen. Aber auch spontan entmaterialisierte Überweisungsbelege und spontan hektische Mietpreisschwankungen sind dem emsigen Wohngemeinschaftler bereits begegnet.

Das Nichtzahlen der Miete ist eine beliebte Übung zur Stärkung der eigenen Phantasien, verlangt doch der Vermieter von seinem Mieter in diesem Fall eine schöne Geschichte zu hören. Abstimmung der Geschichten mit dem Mitmieter wird unbedingt empfohlen, da die Diskrepanz zwischen Bankirrtümern und verstorbenen Verwandten einfach zu groß ist.

DIE TÜCKEN DES ALLTAGS
Stolperfallen für WG-Neulinge

SEX

Vom Herrgott zum Sichern des Fortbestandes der Art und zum Zerstören von Wohngemeinschaften entwickelte Form der Mehrsamkeit zumeist unter Austausch von Körperflüssigkeiten. Sex ist vielseitig und kann eine Wohngemeinschaft auf mannigfaltige Art zerstören.

Beischlaf unter Beteiligung von Mitbewohner A und LebensabschnittspartnerIn von Mitbewohner B (wie auch umgekehrt) führt nicht selten zur Beendung des Wohnverhältnisses und/oder der Beziehung. Obwohl hier die Möglichkeit der Verheimlichung eine Wiederholung des Aktes ohne Konsequenzen ermöglicht.

Doch auch Beischlaf unter Teilnahme von Mitbewohner A und Mitbewohner B auf Grund hormonaler Engpässe oder übermäßigem Alkoholgenuss entwickelt sich ab dem darauffolgenden Morgen in 95 % der bekannten Fälle zur Auflösung des Wohnverhältnisses oder aber zur Heirat. Das ist schlimm, zumal die Möglichkeiten einem temporären Sexualpartner einen mit ihm vollzogenen Beischlaf zu verheimlichen verschwindend gering sind.

Doch auch das geregelte Sexualleben von Mitbewohner A und LebensabschnittsspartnerIn kann auf Grund a) seiner Lautstärke, b) Blockieren des Bades/Küchentisches etc. oder c) seiner Destruktivität zum Beenden eines Mitwohnverhältnisses führen.

Hüten Sie sich also vor Sex!

DIE TÜCKEN DES ALLTAGS

Stolperfallen für WG-Neulinge

MUSIK

Ein Problem des persönlichen Geschmacks. Die tatsächliche Unvereinbarkeit von Mozart und Manowar wird vor allem mit steigendem Lautstärkepegel deutlich und kann ab einem gewissen Dezibelstand auch von unbeteiligten Nachbarn bestätigt werden.

Selbst für sich genommen kann Mozart nach einem bestimmten Maß an Wiederholungen lästig werden. Ein gleiches gilt für Manowar und wer auch nur viermal direkt hintereinander die Hitparade der Schlümpfe gehört hat weiß, dass dies kein Spaß ist und vor Gericht sogar zu mildernden Umständen führen kann. (Abgesehen davon ist der Besitz der „Hitparade der Schlümpfe" meines Wissens in verschiedenen Bundesländern ohnehin strafbar.)

Langangelegte Feldversuche bewiesen außerdem, dass das Wecken des Mitbewohners mit der eigenen Lieblingsmusik in den seltensten Fällen wirklich dankbar aufgenommen wurde.

Anschaffung von und Gefallen an Kopfhörern durch eine beteiligte Partei ist in diesem Fall von Vorteil, vor allem für den Mitbewohner, dem außer Ruhe auch die Möglichkeit zuteil wird, sich gegebenenfalls lautlos von hinten anzuschleichen und seinen Mitbewohner zu erdolchen.

Musik kann aber auch schön sein.

Die Tücken des Alltags
Stolperfallen für WG-Neulinge

IM STEHEN PINKELN

Um Konflikte zu vermeiden, empfiehlt es sich für Männer wie für Frauen - außer nach einer ausdrücklichen Aufforderung - seine unbedeutenden Geschäfte annähernd überall im Sitzen zu erledigen.

Die Geschichte dieser Entwicklung ist kulturhistorisch jedoch in verschiedener Hinsicht bedenklich: Die privilegierte männliche Rasse wurde im Rahmen der Evolution mit unglaublichen Fähigkeiten ausgestattet. Diese jedoch zu trainieren bleibt dem Manne verwehrt. Und allerorten prangen alberne Schilder, die ihn selbst in seinen intimsten Momenten zwingen, sein Licht unter den Scheffel zu stellen, respektive sitzend ins Becken zu hängen.

Diese offensichtlich feministische Verschwörung kommt unter dem Deckmantel der Hygiene daher und sucht uns alle zum Narren zu halten.

Doch fügt euch Brüder, bleibt sitzen, sucht keinen Streit. Die Zeit ist noch nicht reif für unsere Sache, für eine Welt, wo Männer mit Rückgrat aufrecht Harn abschlagen können!

Die Tücken des Alltags

Stolperfallen für WG-Neulinge

RAUMPFLEGE

Innerhalb der klassischen Wohngemeinschaft gibt es nur wenige so kontrovers diskutierte Themen wie die Raumpflege an sich. Nirgends gehen die Meinungen so weit auseinander wie in der Frage der Küchen- und Badsäuberungsfrequenz. Die Notwendigkeit, alle zwei Monate eine oberflächliche Säuberung eines der beiden Räume vorzunehmen steht dem hygienisch paranoiden Bedürfnis des täglichen Putzens entgegen.

Entweder wird ein gemeinsamer Konsens erzielt oder aber der Verfall beider Räumlichkeiten ist programmiert ...

MÜLL

Ähnlich wie der Abwasch ist der Müll keines Mitbewohners Freund. Dennoch ist er ein treuer Geselle, der artig wartet, bis man ihm seine Aufmerksamkeit zuteil werden lässt.

Eine großangelegte Feldstudie des Autors bewies außerdem: Auch nach mehreren Wochen trägt der Müll sich nicht selber raus. Dies widerlegte eine vielerorten gängige Annahme.

Die Tücken des Alltags
Stolperfallen für WG-Neulinge

TELEFON

Das Telefon ist vornehmlich in solchen Wohngemeinschaften die sich einen Anschluss teilen, ein äußerst sensibles Thema. Nicht nur, dass sich hieraus vollkommen unübersichtliche Einzelgesprächsabrechnungen ergeben und man einen Dummen finden muss der sie auseinanderrechnet, zudem wirken sich die beziehungsinternen Eigenheiten der Mitbewohner nicht selten direkt auf das Klingelverhalten des Telefons aus.

Wenn die verheulte Lebensabschnittspartnerin eines Mitbewohners einen morgens um vier weckt, ist das einmal verzeihlich, beim zweiten Mal unschön und wird beim dritten Mal zum persönlichen Problem... In diesem telefonischen Zusammenhang kann übrigens auch ein überdurchschnittlich kommunikativer Mitbewohner den Unmut seiner Mitbewohner auf sich ziehen, wenn er nach einigen Stunden kurzweiligen Telefonplausches mit Sandra zum Schluss kommt, gleich noch bei Sibylle anrufen zu müssen.

TELEKOM

Dubiose Firma, die in Wohngemeinschaften auf verschiedene Arten Unfrieden zu streuen weiß.

Das Benutzungsintervall des Telefons und das anteilige Bezahlen der Rechnung durch die einzelnen Mitbewohner sind die klassische Variante.

Die Tücken des Alltags

Stolperfallen für WG-Neulinge

Mit Telefonlisten, in denen die verzweifelten WG-Bewohner alberne Striche und Telefonzeiten niederlegen oder unübersichtliche Einzelgesprächskosten aufstellen versucht man dieser Situation Herr zu werden. Nur selten dauerhaft erfolgreich. Die Telekom ist der natürliche Feind einer jeden Wohngemeinschaft und dabei nicht selten verantwortlich für die einzig regelmäßige Post im Briefkasten. Obwohl die Telekom säumige Kunden mit überaus freundlichen Mahnungen bedenkt, behaupten manche Leute, dass es ihr nur ums Geld ginge.

Denken Sie nicht, nur weil Sie einen Vertrag mit Snakfix, Compuschnack oder Billigsprech 2000 haben, wären Sie besser dran. Am Ende des Tages zählt man Ihr Geld dort nicht anders als bei der Telekom...

Entgegen verschiedenen Gerüchten hat die Telekom das Telefon übrigens nicht erfunden.

Kapitel 6

FREIZEIT-AKTIVITÄTEN

FREIZEITAKTIVITÄTEN

Hobbies auf dem Prüfstand der WG-Tauglichkeit

FRUCHTFLIEGENZUCHT

Die Fruchtfliegenzucht als solche ist ein gerade zur Sommerzeit recht verbreitetes und gern betriebenes Hobby, für das jedoch selten alle Mitbewohner die nötige Begeisterung aufbringen.

Dabei ist die Zucht von Fruchtfliegen denkbar einfach, es bedarf lediglich der Bereitstellung eines nötigen Zuchtgrundes und der Rest entwickelt sich von selbst.

Fruchtfliegenkämpfe sind in anderen Breitengraden regelrechte Spektakel und auf längere Sicht ist ihre Zucht ein lohnendes Betätigungsfeld. Die „Piranhas der Lüfte" sind dankbare kleine Biester, denen bereits ein schimmliger Jogurt als Zuhause reicht.

Doch weder als Haustier noch als Einnahmequelle ist die Fruchtfliege hierzulande akzeptiert. Sie erfreut sich vielmehr einer ähnlichen Unbeliebtheit wie die gemeine Schabe. Beinahe allerorten stößt sie auf Ablehnung, weshalb ambitionierte Fruchtfliegenzüchter sich darum bemühen sollten alleine zu wohnen. Herzlose Mitbewohner bringen es nämlich fertig, nachts mit Spraydose und Feuerzeug die Ergebnisse mühevoller Zuchtversuche zunichte zu machen...

FREIZEITAKTIVITÄTEN
Hobbies auf dem Prüfstand der WG-Tauglichkeit

TEUFELSANBETUNG
(wie auch Schwarze Magie)

Auch die Teufelsanbetung ist zum gegenwärtigen Zeitpunkt keine anerkannte Freizeittätigkeit, deren Freunde sich in Vereinen organisieren oder regelmäßig in öffentlichen Räumen treffen würden. Aus diesem Grund findet die Teufelsanbetung auch nicht selten in Privatwohnungen statt. Wenn es sich um die Räumlichkeiten einer Wohngemeinschaft handelt, entstehen für den nichtsatanistischen Mitbewohner nicht selten verschiedene Probleme: Überall liegen abgebissene Hühnerköpfe herum und überall sind mit Regelblut umgedrehte Pentagramme an die Wände geschmiert. Auch die Folgen sexueller Ausschweifungen sind nicht selten Flecken und wenn zwei Dutzend Satanisten sich durch ein Wohnzimmer vögeln, ist die Säuberung der Couchgarnitur mit Sicherheit keine dankbare Aufgabe.

Vom Satanisten als Mitbewohner ist also abzuraten, es sei denn man möchte das gemeinsame Wohnzimmer als dunklen Tempel des Luzifer verstanden wissen, sammelt Hühnerköpfe oder befindet sich in einer Glaubenskrise.

FREIZEITAKTIVITÄTEN

Hobbies auf dem Prüfstand der WG-Tauglichkeit

HAUSSCHLACHTUNG

Obwohl sie das Potential eines heiteren Gesellschaftsspiels birgt, ist die Hausschlachtung für jede Wohngemeinschaft ein heikles Thema. Auch als kulturelles Erbe bäuerlich autarker Lebensweise hat die Hausschlachtung sich innerhalb der Wohngemeinschaft weder als Nahrungsmittelbeschaffungsmaßnahme noch als Freizeitspaß durchsetzen können.

Dies liegt nicht zuletzt an den deutschen Gesetzen, aber auch am hygienischen Aspekt des Ganzen. Das Ausmaß der Problematik wird dem Leser allerdings wohl erst klar, wenn er in seinem Wohnzimmer eine Kuh geschlachtet hat.

Ein weiterer Grund für die Schmähung der Hausschlachterei ist die Beliebtheit von Haustieren, die allzu schnell irrtümlicherweise in den Fleischwolf geraten und zu Ragout werden könnten. Abgesehen davon sind aber die wenigsten Wohngemeinschaften für die Lagerung von Rinderhälften oder die Herstellung von Leberwurst ausgestattet. (Sollte eine von Ihnen zum Beitritt in Erwägung gezogene WG über diese Möglichkeiten verfügen, seien Sie misstrauisch).

FREIZEITAKTIVITÄTEN

Hobbies auf dem Prüfstand der WG-Tauglichkeit

BOXEN

Eine löbliche körperliche aber problematische Betätigung, die dem Mitbewohner spätestens dann zur Last wird, wenn zu ungünstigsten Zeiten Sparringspartner gebraucht werden. Nicht selten zeigen Fotografien von Boxern und ihren Mitbewohnern unzufriedene Gesichter mit erheblichen Blessuren.

Sich dem boxenden Mitbewohner zu entziehen ist nur schwer möglich. Zum einen liegt immer die unterschwellige Androhung von Gewalt in der Luft und zum anderen verfolgt einen der Vorwurf, man wolle ihm Steine in den Weg legen und seine Karriere ruinieren, weshalb Zusammenwohnen mit boxenden Mitbewohnern nicht selten einem Vertrag als Sandsack auf Lebenszeit gleichkommt.

Achten Sie also auf Boxhandschuhe und ähnliche Utensilien und vermeiden Sie - es sei denn Sie haben Spaß an Schmerzen - ein Zusammenziehen mit den Besitzern solcher Gegenstände.

FREIZEITAKTIVITÄTEN

Hobbies auf dem Prüfstand der WG-Tauglichkeit

LYKANTOPHIE
(Werwolftum)

Nicht als klassisches Hobby im eigentlichen Sinne betrachtet, hat das Werwolftum doch alle hierfür wichtigen Eigenschaften: Der Teilnehmer zieht in regelmäßigen Abständen (mit jedem Vollmond) des Abends los, um gegen Morgen völlig ausgelaugt zurückzukehren. Diese charakteristischen Merkmale haben auch klassische Freizeitbetätigungen wie Kegeln oder Häkeln.

Als Mitbewohner ist der Werwolf mitsamt seinem Hobby jedoch denkbar ungeeignet. Nicht nur dass er zum irreparablen Beschädigen seiner Mitbewohner neigt, außerdem neigt er beim Springen aus geschlossenen Fenstern und Aufbrechen verschlossener Türen zu einer Lautstärke, die - gerade des Nachts - nicht zumutbar ist. Zudem kann er sich, wenn es dann um die Behebung des Schadens geht, angeblich an nichts erinnern, ein Merkmal, das in diesem Fall auch der klassischen Freizeitbeschäftigung übermäßigen Alkoholgenusses innewohnt.

Im täglichen Leben ist die dem Werwolftum frönende Person jedoch nicht schlechter als andere und wenn für Vollmondnächte ein massiver Stahlschrank vorhanden ist, lässt sie sich notfalls auch in die WG integrieren.

FREIZEITAKTIVITÄTEN

Hobbies auf dem Prüfstand der WG-Tauglichkeit

FREIZEITAKTIVITÄTEN

Hobbies auf dem Prüfstand der WG-Tauglichkeit

INQUISITION

Obgleich auch eine inzwischen immer weniger wahrgenommene Möglichkeit der Freizeitgestaltung, bleibt die Inquisition doch als WG-interne Problembetätigung zu erwähnen.

Sowohl Verbrennung von Hexen als auch Folter von Ketzern bedarf einer gewissen räumlichen Regelung. Die wenigen verbliebenen Hobbyinquisitoren jedoch gehen ihrer Tätigkeit vergleichsweise unprofessionell nach; Folter wird mit handelsüblichen Haushaltsgeräten in der Küche ausgeführt und Verbrennungen finden bestenfalls im Hof, schlimmstenfalls im Wohnzimmer statt.

Der/die MitbewohnerIn, der/die sich einen entspannten Fernsehabend erhofft, muss dann nicht selten diskutieren, ob die Priorität bei Bruce Willis oder der Hexenverbrennung liegt und wenn er/sie eine Flasche Wein trinken möchte, steckt der Öffner nicht selten neben dem Pürierstab im Kopf eines Ketzers.

Die Inquisition ist ergo eine der Freizeitbeschäftigungen, die aus Rücksichtnahme in geeigneten Gewerberäumen betrieben werden sollte.

FLEISS

Problematisches, doch eigentlich nicht verwerfliches Charaktermerkmal. Ersichtlicher Fleiß ist Gift für das Ego der weniger fleißigen Mitbewohner, weshalb mit Fleiß infizierte Mitwohnende ihrem Laster besser heimlich und im Dunkeln frönen um aufkommenden Unmut zu vermeiden.

FREIZEITAKTIVITÄTEN

Hobbies auf dem Prüfstand der WG-Tauglichkeit

Fleiß wird im Regelfall erstaunlich selten im WG-internen Kontext wach, es sei denn es handelt sich um fleißiges Fernsehen / Computerspielen oder Kühlschrankleerfressen.

SELBSTMORD

Der zuvorkommende und umsichtige Mitbewohner verübt in der Regel keinen Selbstmord, da dieser dem Mitbewohner in verschiedener Weise zuviel abverlangt.
Im Falle eines Selbstmordes bleibt es am Mitbewohner hängen, die Ordnung wiederherzustellen.
In diesem Zusammenhang ist vor allem der Freitod in gemeinschaftlich genutzten Räumen eine für den größten Teil der Mitwohnenden problematische Angelegenheit.
Doch auch Selbstmord im eigenen Zimmer ist - entgegen anderen Meinungen - alles andere als rücksichtsvoll. Aufkommender Verwesungsgeruch und ausbleibende Mietanteilzahlungen bleiben ein bestehendes Problem.
Wiederholt fehlschlagende Selbstmordversuche trüben das wohngemeinschaftliche Klima übrigens ebenso wie ein erfolgreicher.
Die Stimmung der Mitbewohner ist also im Auge zu behalten und gegebenenfalls durch Schenken von Aufmerksamkeit oder Süßigkeiten aufzuhellen.

FREIZEITAKTIVITÄTEN

Hobbies auf dem Prüfstand der WG-Tauglichkeit

Die Fahne der Hausschlachtung wird von einigen asiatischen Wohngemeinschaften mit gastronomischer Anbindung hochgehalten, wobei die Liebe für die Hausschlachtung größer ist als die für das Haustier!

Hier wird der Gute ein bisschen intolerant. Will irgendjemand den Nutzen der Inquisition bestreiten? Sehen Sie! Und dann dieses Satanistengewäsch. Denkt ihr etwa, dass ein Selbsterfahrungsseminar oder ein Managertraining anders aussehen? Mein Gott, seid ihr naiv! Die machen mit den Hühnern noch ganz andere Sachen...

Kapitel 7

SURVIVAL OF THE FITTEST

SURVIVAL OF THE FITTEST

Entfernung eines schadhaften Individuums aus einem funktionierenden Kollektiv

Natürlich ist jede Wohngemeinschaft einer voranschreitenden biologischen Auswahl unterworfen, in deren Rahmen sich die Individuen optimieren, aufeinander einstellen und miteinander auszukommen lernen.

In diesem Zusammenhang ergibt sich nicht selten die Notwendigkeit, die ein oder andere Gliedmaße des Wohnkörpers zu amputieren. Meist lässt die betreffende Person sich zu Schulden kommen, dass sie ein Wohnkonzept stört, von dessen Existenz sie nicht einmal etwas wusste oder aber fremde Brotaufstriche, das gesamte Klopapier oder die Geduld ihrer Mitbewohner verbraucht zu haben.

Für die Delegierung solcher Individuen in WG-externe Regionen seien an dieser Stelle folgende Maßnahmen empfohlen:

EINMAUERN

Das Einmauern eines Mitbewohners ist eine klassische und seit dem frühen Mittelalter erprobte Methode zur Beseitigung eines Hausgenossen unter Erhaltung der primären Lebenszeichen. Hierfür bedarf es lediglich einer entsprechenden Menge Backsteine und schnellhärtenden Mörtels. Um Fixierung des Mitbewohners zu gewährleisten sollten etwaig vorhandene Fenster mit vermauert werden. Optional ist der Gebrauch von Dämmstoffen, falls der betreffende Mitbewohner um Hilfe rufen sollte. Außerdem ist es möglich eine Durchreiche in das Mauerwerk zu integrieren, damit der

SURVIVAL OF THE FITTEST

Entfernung eines schadhaften Individuums aus einem funktionierenden Kollektiv

Eingemauerte auch in Zukunft wichtige Unterlagen unterschreiben kann, die man ihm mit dem Versprechen seiner baldigen Freilassung anreicht. Wenn die betreffende Person auch auf längere Sicht gegenzeichnungsfähig bleiben soll, empfiehlt sich die Darreichung von Wasser und Brot in unregelmäßigen Abständen.

Wer sich auch weiterhin um ein gutes Verhältnis zu seinem Mitbewohner bemüht, sollte ihm etwas bunte Kreide zukommen lassen, damit er die inwärtige Seite der Mauer nach seinem Geschmack gestalten kann.

DROGEN

Eine auf die Dauer recht kostspielige Methode zur Ruhigstellung und Separierung eines Mitbewohners ist die gezielte Anwendung von Drogen. In diesem Kontext bieten sich vor allem Haschisch und verschiedene Opiate an, die es ermöglichen den Mitbewohner in eine Ecke zu stellen.

Das Mischen der erwähnten Substanzen in Kaffee und Grundnahrungsmittel ist eine effiziente Methode, bei der jedoch die Gefahr besteht, dass der Anwender selbst auf den Geschmack kommt. Während Ihr Mitbewohner also seine Laudanumkonfitüre löffelt, greifen Sie nach einem frischversiegelten Müsliriegel.

Die Kunst besteht bei dieser Methode darin, die künstlich

SURVIVAL OF THE FITTEST

Entfernung eines schadhaften Individuums aus einem funktionierenden Kollektiv

hervorgerufene Starre in den Momenten aufzuheben, wo er das Bad saubermachen und den Einkauf erledigen muss. Bezüglich dieser Methode gibt es eine heitere Anekdote über eine fünfköpfige WG, deren Mitbewohner sich jeden Tag gegenseitig mit Drogen ruhig stellten.

Als ein Sondereinsatzkommando die Wohnung stürmte, wurden 8 kg Haschisch und 5 kg Mohnblütenextrakt sichergestellt. Die Wohngemeinschaft verbüßt nunmehr eine mehrjährige Haftstrafe.

ENTMÜNDIGUNG

Die Entmündigung eines Mitbewohners ist bei weitem die schwierigste aber auch die lohnendste Möglichkeit, um vollständige Macht über seine Person zu erlangen. Für ihn überdies die gesetzliche Vormundschaft zu erlangen, macht die Sache noch lohnender, verfügt man doch fortan nicht bloß über Zugang zu allen seinen Konten, sondern kann ihn überdies mit Medikamenten ruhig stellen oder im Hof anketten.

Um dieses Ergebnis zu erzielen, müssen jedoch zunächst sein Geisteszustand im Allgemeinen und seine Glaubwürdigkeit in der Öffentlichkeit geschwächt werden. Die Inszenierung einer Watussihochzeit unter Teilnahme von sieben verschiedenen Stämmen und dem Hohepriester von

SURVIVAL OF THE FITTEST

Entfernung eines schadhaften Individuums aus einem funktionierenden Kollektiv

M'Gobo P'tuk in Ihrem Badezimmer ist nur eine von vielen Möglichkeiten, den Mitbewohner an seinem Geisteszustand zweifeln zu lassen. Aber so etwas kostet natürlich Geld. Vor allem die Schauspieler. Sie können Ihren Mitbewohner natürlich auch mit alltäglichen Dingen in den Wahnsinn treiben, Kühlschränke auflassen, Zerstörung von Geschirr und Geräte an- und abschalten mit der nachhaltigen Versicherung es nicht gewesen zu sein, sind Klassiker auf diesem Gebiet und grundsätzlich die erste Phase im Rahmen des Versuches, den Mitbewohner entmündigen zu lassen.

AUSTAUSCH DURCH KLON

Das Ersetzen eines Mitbewohners durch einen kontrollierten Klon ist eine Möglichkeit, die leider nur Biologiestudenten in fortgeschrittenen Semestern und Bastlern mit langjähriger Erfahrung offensteht. Die hierfür notwendige technische Ausrüstung und der nötige Sachverstand sind nämlich immens. Dafür kann das Ergebnis sich sehen lassen:
Nach der Erstellung eines funktionstüchtigen Klons kann der alte Mitbewohner vollständig entsorgt werden. Weder seine Familie noch sein Umfeld werden die Veränderung wahrnehmen und dem Einsatz des Klons als Wohnraumreinigungssklave steht nichts im Wege.

SURVIVAL OF THE FITTEST

Entfernung eines schadhaften Individuums aus einem funktionierenden Kollektiv

Alles schierer Aktionismus, persönlich viel zu kompliziert. Eine 9-mm-Automatik, dazu ein großer Garten und ein guter Anwalt tun es in den meisten Fällen auch. Und Heraussprengen einer Zimmereinheit aus einem Wohnkomplex fehlt ebenfalls. Aber soweit muss man es ja gar nicht erst kommen lassen. Das Abschneiden des kleinen Fingers als Maßregelung beispielsweise haben die Yakuza aus der klassisch volkstümlichen japanischen Wohngemeinschaft abgeguckt. Übrigens eine gute Überleitung zum nächsten Kapitel:

Kapitel 8

BÖSE FALLE

BÖSE FALLE

Katalog wohngemeinschaftlicher Strafmaßnahmen

Mitunter und in gewissen Situationen besteht die Notwendigkeit, den ein oder anderen Mitbewohner in seine Schranken zu weisen.
Hierfür stehen verschiedene Mechanismen zur Verfügung, die vom Vater auf den Sohn vererbt und im Laufe der Jahrhunderte immer weiter verbessert wurden. Jede Sparte des wohngemeinschaftlichen Alltags hat ihre Bestrafungen. Die wirklichen Klassiker finden sich in der Broschüre „Strafe und Züchtigung in Wohngemeinschaften II", herausgegeben von der katholischen Kirche im Jahre 1912.
Hier nun aber einige innovative Methoden, deren geflissentliche mehrmalige Erprobung den Autor das Wohlwollen verschiedener Wohngemeinschaften weltweit kostete:

DIE CHEMISCHE KEULE

Eine der weniger appetitlichen aber überaus wirksamen Möglichkeiten einen Mitbewohner zurechtzuweisen oder persönlichen Unmut zu äußern ist das Verdünnen des Weichspülers mit Eigenurin.
Diese Aktion ist dem Wohlgeruch der Wäsche des Mitbewohners erheblich abträglich und vermag manchen Eindruck im Rahmen von Rendezvous oder Vorstellungsgesprächen nachträglich negativ zu prägen.
Im Weichspüler selbst ist die Fremdsubstanz zunächst kaum wahrnehmbar, in der Wäsche jedoch entfaltet sie ihr volles Aroma, dessen Herbheit nach Trocknung der Wäsche erst seinen Zenit erreicht.

BÖSE FALLE

Katalog wohngemeinschaftlicher Strafmaßnahmen

Nach Erfolgen dieser Maßnahme ist dem Durchführenden ein glaubwürdiges „Ich nicht" (siehe lexikalischer Anhang) anempfohlen, das besser schon vorher geprobt wird.

MOTIVATION:
Die direkte Motivation ist der einseitig erfolgende Waschmittel- und Weichspülerkauf ohne finanziellen Ausgleich oder Anerkennung.
Aber auch in anderen Fällen verfehlt die Maßnahme ihre Wirkung nicht.

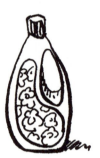

KAKAO À LA RABIATA

Das Vermengen handelsüblichen Schokotrunks mit handelsüblichem Chilipulver ist - obwohl ernährungswissenschaftlich unbedenklich - von außerordentlicher Wirksamkeit.
Der Kakaokonsument, der in Erwartung eines süßlichen Schokotrunkes motiviert gehäufte Löffel in der Milch verrührt, erfährt wenige Momente später einen ungemein bewusstseinserweiternden Moment, wenn sich ihm die wunderbare Welt des Geschmacks neu erschließt.

Chilipulver lässt sich im Verhältnis 1:5 vollkommen unauffällig unter gewöhnlichen Kakao mischen. Zwar differiert das Auflösungsverhalten beider Substanzen, was jedoch in keinem der Testfälle zum Problem gereichte.

BÖSE FALLE

Katalog wohngemeinschaftlicher Strafmaßnahmen

MOTIVATION:

Wird der selbstgekaufte Schokotrunk seitens des Mitbewohners in unverantwortlicher und nicht abgesprochener Art und Weise missbraucht, ist diese Maßnahme naheliegend.

Zur allgemeinen Belustigung kann sie natürlich auch vollkommen unmotiviert erfolgen.

DAS HALTBARKEITSMYSTERIUM

Wenn Sie Kenntnis der von Ihrem Mitbewohner verwandten Lebensmittel haben, eröffnet sich die Möglichkeit der vorbereiteten Nahrungsmittelsabotage. Durch Ersetzen frischer Lebensmittel durch einstmals frische Lebensmittel werden unfreiwillige Diäten und spontane Speiseplanumstellungen provoziert.

Die vom Mitbewohner am gestrigen Tag geöffnete Salami durch ähnliche vorgeschimmelte Wurst zu ersetzen bedarf allerdings eines gewissen Maßes an Planung: So empfiehlt es sich etwa, eine Art Vorschimmelschrank einzurichten, dem das entsprechende Nahrungsmittel bei Bedarf entnommen werden kann.

Der geübte Anwender hat sogar die Möglichkeit zu genuiner Schimmeltransplantation.

BÖSE FALLE

Katalog wohngemeinschaftlicher Strafmaßnahmen

MOTIVATION:

Abgesehen vom Signalisieren der Notwendigkeit frischen Einkaufes ist auch der Wunsch nach spontaner Änderung des gemeinsamen Speiseplanes eine Motivation für die Initiation des Haltbarkeitsmysteriums.

Außerdem ist nicht zu vergessen, dass die frischen Lebensmittel vom Strafausführenden sogar gegessen werden dürfen...

ALLERGIEBESCHLEUNIGER

Der Allergiebeschleuniger ist eine wirklich tückische Maßnahme, die allerdings eine gewisse Kenntnis der Allergiestruktur des Mitbewohners voraussetzt.

Bei Katzenhaarallergie sind - ohne dass man dabei sparsam sein sollte - im Zimmer des Opfers etwa Katzenhaare zu verteilen. Hausstauballergie erlebt durch versehentliche Staubsaugerentlehrung ganz neue Qualitäten und Allergien gegen verschiedene Gewürze sind insofern dankbar, als dass sich das meiste unauffällig irgendwo hineinmischen lässt.

MOTIVATION:

Abgesehen von schierem Böswillen ist der Allergiebeschleuniger die Möglichkeit, einen Mitbewohner vorübergehend außer Gefecht zu setzen, sei es, dass er einen bestimmten Termin nicht wahrnehmen oder aber einfach nur

BÖSE FALLE

Katalog wohngemeinschaftlicher Strafmaßnahmen

im Bett liegen und ruhig sein soll.
Es empfiehlt sich allerdings, die Allergiestruktur vorher eingehend zu studieren, da der Nutzen eines toten Mitbewohners, wenn überhaupt vorhanden, nur äußerst gering ist.

DER DORNENPFAD

Eine Zurechtweisungsmethode deren Brillanz in ihrer Einfachheit ruht. Das Verteilen von Heftzwecken am Boden ist eine Angelegenheit, die aktive Bestrafung auch für einfache Gemüter erschließbar macht. Als Instrument des Terrors wird die Heftzwecke vollkommen unterschätzt. Gerade bei spärlicher Beleuchtung ist sie ein treuer Verbündeter des strafenden Geistes.

MOTIVATION:

Obwohl dieser Mechanismus bereits mehrmals mit Erfolg von ihm als auch gegen ihn eingesetzt wurde, ist dem Autor bis zum heutigen Tag keine in Worte fassbare Motivation bekannt, welche der Anwendung der Heftzweckenmethode zu Grunde liegen könnte.

WOHLTÄTIGKEITSANFALL

Bei dieser Methode geht es darum, die vorübergehende Abwesenheit eines Mitbewohners effektiv zu nutzen, indem man sich in sein Zimmer begibt und eben dort ausgewählte Bekleidungsstücke in Altkleidersammelbehältnisse überführt.

BÖSE FALLE

Katalog wohngemeinschaftlicher Strafmaßnahmen

Bei Durchführung dieser spontanen Kleiderspende bieten sich - je nach Grad des mitbewohnerischen Vergehens und der eigenen Stimmung - drei Möglichkeiten:

a) Komplettspende von Socken und Unterwäsche (aus ersichtlichen Gründen eine Aktion, die nicht ohne Folgen bleiben wird).
b) Spende qualitativ hochwertiger Kleidungsstücke. (Unterschätzen Sie nicht die weltweite Beliebtheit von Armani-Anzügen und Gucchi-Kleidern!)
c) Spende aller auffindbaren Kleidungsstücke (entspricht in etwa: das Kind mit dem Bade ausschütten und die Wanne hinterherwerfen).

MOTIVATION:

Sowohl eitle als auch nicht dem eigenen Geschmack entsprechend gekleidete Mitbewohner können durch diese Maßnahme in ihre Schranken gewiesen und nachhaltig beeindruckt werden. Darüber hinaus ist auch der wohltätige Aspekt des Ganzen ein ganz bedeutender Pluspunkt.

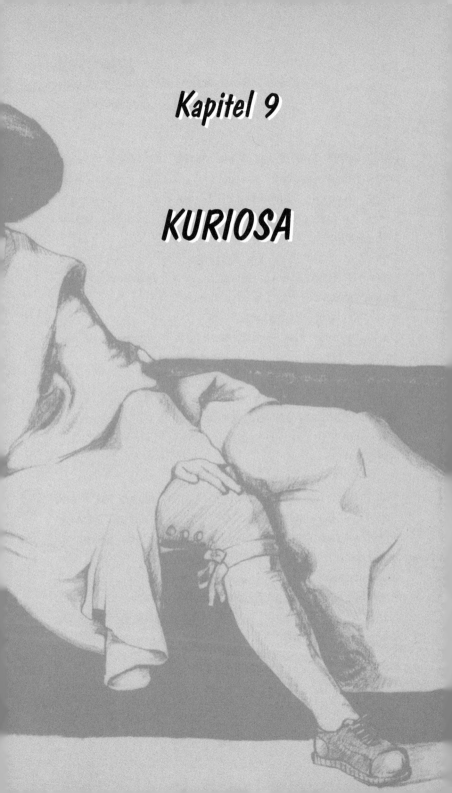

KURIOSA
Ungewohnliches

Der gesamte Stamm der N'che Pnoqu zum Beispiel lebte seit Menschengedenken in einer Hütte. Das ganze Leben dieser Menschen basiert auf der Idee der Wohngemeinschaft, so nennen die N'che Pnoqu Gott etwa den großen Mitbewohner.

Das Zusammenleben des Stammes verlief bis 1895 ohne größere Probleme, bis der Medizinmann N'dugge M'buk feststellte, dass Gott seit über fünfhundert Jahren nicht einmal den Müll rausgebracht hatte.

Der Stamm hat ihm noch fünf Jahre Zeit gegeben und versucht seitdem, Gott zu kündigen. Bis dato ohne Erfolg.

Johann Wolfgang von Goethe verbrachte einige Jahre seines Lebens an der Seite seines Mitbewohners Fritz Freiherr von Schmitt.

Von Schmitt war ein begnadeter Dichter, dessen Entfaltung von Goethe jedoch vorsätzlich verhindert wurde. Neueste Forschungsergebnisse belegen jedoch mit an Sicherheit grenzender Wahrscheinlichkeit, dass Fritz Freiherr von Schmitt es war, der den „Faust" geschrieben hat.

Eine Tatsache, die von Goethefanatikern weltweit unter den Teppich gekehrt wird. Ein Paradebeispiel für geistigen Diebstahl in der WG.

KURIOSA

Ungewohnliches

Kannibalismus in Wohngemeinschaften ist eine rechtliche Grauzone. Weder Präzedenzfälle noch anderweitiges lassen irgend eine verbindliche Äußerung in diesem Bezuge zu.
Im Allgemeinen darf davon ausgegangen werden, dass das Essen von Mitbewohnern nicht gerne gesehen wird und - außer in vereinzelten Extremsituationen - niemandem wirklich nützt.

KURIOSA

Ungewöhnliches

Franz von Assisi hatte vorübergehend einen Mitbewohner namens Klaas von Bornholm.
Dieser schätzte Assisis Eigenart den ganzen Tag mit Tieren zu sprechen durchaus. Doch wenn man sich am Ende des Tages mit zwanzig Pferden, zwölf Hunden, zwei Dutzend Tauben und einer Meerschweindelegation unterhalten hat, bleiben in der Wohnung mehrere Kilo Pferdeäpfel, Hamsterkötel und Taubendreck zurück.
Für deren Entfernung fühlte sich Herr von Assisi nicht zuständig, weshalb Klaas von Bornholm dies - bis zu seinem frühen Tod durch eine Virusinfektion - übernahm.
Die Heiligsprechung Klaas von Bornholms steht noch aus.

Al Capone war wie es heisst ein vergleichsweise ambivalenter Mitbewohner.
Wenn er gut gelaunt war, spendierte er seinen Mitbewohnern von Schnaps über Frauen bis zum Auto beinahe alles; ließ seine Mitbewohner jedoch, wenn die gute Laune nachließ, erschießen.
Launen fielen bedeutende Verbrecher wie Felatio Falcone, Cazzo Corleone und Tremor Velasquez zum Opfer.
 Am Ende des Jahres 1938 jedenfalls war keine Chicagoer Wohngemeinschaft länger bereit mit diesem Mann zusammenzuwohnen.

KURIOSA

Ungewohnliches

Kapitel 10

CHECKLISTE

CHECKLISTE

für den optimalen Mitbewohner

Sind Sie
 Werwolf
 Satanist
 Serienmörder
 Boxer?

Sind Sie
 wohlhabend
 großzügig?

Nehmen Sie gerne Schuld auf sich?

Sind Sie konfliktscheu?

Ordnen Sie sich Ihren Mitbewohnern gerne unter?

Kochen
 Sie
 Sie gut?

Haben Sie etwas dagegen, wenn Ihr Mitbewohner
 Ihre/n LebensabschnittspartnerIn benutzt/verkauft
 Ihre CDs benutzt/verkauft
 Ihren Fernseher benutzt/verkauft
 Ihr Haustier benutzt/verkauft?

Hätten Sie etwas dagegen gegebenenfalls
 eingemauert
 entmündigt zu werden?

CHECKLISTE
für den optimalen Mitbewohner

Stellen Sie sich vor, Ihr Mitbewohner kommt spätabends heim und klagt über Kopfschmerzen.
Was tun Sie?

a) intensives Bedauern (optional Weinen)
b) Beschenkung mit einer Kopfschmerztablette
c) Ausrichtung einer entspannenden Massage, Kochen eines Tees und liebevolles Backen von Plätzchen plus
Ausleihen eines Videos für den Mitbewohner
d) die Zimmertür schließen.

Gesetzt dem Fall, Ihr Mitbewohner befände sich in einem natürlich kurzzeitigen finanziellen Engpass, würden sie

a) die Miete für dessen Dauer alleine übernehmen
b) ausziehen
c) ihm ein großzügiges Geldgeschenk machen
d) Ihr Auto verkaufen um ihm ein großzügiges Geldgeschenk zu machen
e) die Zimmertür schließen?

Angenommen, Ihr Mitbewohner hat Schulden bei Ihnen, wie verfahren Sie?

a) Die ganze Angelegenheit vergessen, weil es eh nur Geld ist
b) Auf die Zinsen freuen

CHECKLISTE
für den optimalen Mitbewohner

c)   Ihm mit Freude noch mehr Geld leihen, damit er seine offensichtlichen finanziellen Probleme schneller in den Griff bekommt.

Was würden Sie tun, wenn ihr Mitbewohner plötzlich sexuelles Interesse an Ihnen bekundet?

a)   Ausziehen
b)   Ausziehen
c)   Interessehalber überprüfen, welchen Geschlechtes er ist
d)   Die Zimmertür schließen.

Wie sehen ihre zukünftigen Pläne für die gemeinsame Wohnung aus?

a)   Ich werde ständig anwesend sein
b)   Ich werde ständig mit kürzeren Unterbrechungen anwesend sein
c)   Ich werde ständig mit kürzeren Unterbrechungen abwesend sein
d)   Nach Anmietung der gemeinsamen Wohnung strebe ich bei regelmäßiger Zahlung der Miete einen mehrjährigen Urlaub außerhalb Deutschlands an.

LEXIKALISCHER ANHANG

BESUCH
Ereignis mit erstaunlichen Begleiterscheinungen. Sofern sich Besuch ankündigt, entwickeln sich plötzlich reelle Chancen für:
a) das Aufräumen einer chronisch unordentlichen Wohnung,
b) respektvolle Verhaltensstrukturen zwischen für gewöhnlich wechselseitig geschmähte Mitbewohner und
c) das Kochen von richtigem Essen.

EHE
Eine besondere Form der Wohngemeinschaft, die zwar verschiedenen Modifizierungen (wie der Vereinfachung der Briefkasten- und Klingelknopfbeschriftung und der Option von regelmäßigem Sex) unterworfen ist, am Ende des Tages jedoch nicht selten auf das Verhältnis zweier Mitbewohner herunter reduziert werden kann, die sich bei Auflösung des Mitwohnverhältnisses jedoch heftiger bekriegen als normale Menschen.
Nicht selten überträgt der unbedarfte junge Mensch die Strukturen der elterlichen Ehe auf die eigene Wohngemeinschaft und übersieht dabei, dass der/die MitbewohnerIn weder seine Mutter noch seine Ehefrau ist und darob in keinster Weise verpflichtet ist, auch nur in irgend einem Raum der Wohnung Ordnung herzustellen oder auch nur irgend einen Schrank aufzufüllen...

ICH NICHT
Wie im Leben ist „ich nicht" auch im wohngemeinschaftlichen Leben eine magische Formel für das Abwenden von Unheil in jedweder Form. Vornehmlich kommt diese Formel zum Ausspruch, wenn Flucht sinnlos oder die Übermacht zu groß ist.
Außerdem ist sie eine multifunktionale Antwort auf alle Schuld und Arbeitsfragen und nur bei Möglichkeiten der persönlichen Bereicherung - außer bei der Simulation von Bescheidenheit - gänzlich undenkbar.

IRGENDJEMAND
Irgendjemand ist - besonders in größeren Wohngemeinschaften - neben „ich nicht" das wichtigste Individuum der klassischen Wohngemeinschaft, ist „irgendjemand" doch nicht bloß für Abwaschen und Einkaufen zuständig, sondern putzt auch die Toilette und überweist regelmäßig und pünktlich die Stromrechnungen. Irgend jemand macht im Endeffekt schon alles, was ihn zu einem Pfundskerl macht, den man einfach liebhaben muss.

STADTWERKE
Die Stadtwerke sind neben der Telekom einer der historischen Feinde der Wohngemeinschaft. Nur wenige Firmen vermochten in den Grenzen friedlicher WGs soviel Unfrieden zu stiften wie die Stadtwerke, die alle paar Monate mit steter Regelmäßigkeit ihre gierigen Pranken nach dem Gelde unschuldiger Wohnender

strecken, von denen irgendjemand für die Überweisung zuständig ist und es in der Regel auch vergisst.

MORGEN
Zeitliches Äquivalent von ->"irgendjemand". Morgen ist immer der Tag an dem alles gemacht wird. Morgen wird die Wohnung nicht nur blitzblank sein, morgen wird auch jeder Mitbewohner seine Schulden bezahlt und den Kühlschrank aufgefüllt haben. Um genau zu sein wird morgen auch jede notwendige Reparatur vorgenommen und nicht zuletzt auch jedes jemals gegebene Versprechen eingelöst. Die allgemeine Affinität von Mitbewohnern gegenüber dem morgigen Tag ist eine nicht wegzuleugnende Auffälligkeit.

PINGUIN
Ein Haustier, dessen allzu oft unterschätzter praktischer Nutzen ganz außerordentlich ist. Gerade in diesen Breitengraden ist der Pinguin als handlicher Blumendüngerspender noch lange nicht so hipp wie etwa in direkter Nähe des Südpols.

SCHULD
Im Zuge individueller Gesetzgebung - Bestandteil beinahe jeder Wohngemeinschaft - wird wohngemeinschaftsinterne Schuld meist durch dubiose Mechanismen verteilt und geahndet. Die obligatorische Statuierung von Exempeln für unverbesserliche „Im-Stehen-Pinkler" ist hierbei noch der nachvollziehbare Teil des Ganzen.
Im Normalfall liegt die Schuld bei ->irgendjemand und wird von der eigenen Person fortgewiesen. Diese eigene Person kann gar nicht für die Leerung des Klopapiers, des Nugataufstriches, das schmutzige Bad oder die nicht überwiesene Miete verantwortlich sein, weshalb zwangsläufig der Mitbewohner Schuld ist. Bizarr ist, dass dieses Phänomen wechselseitig funktioniert, weshalb die Schuld im Endeffekt gänzlich auf der Schulter aller Mitwohnenden lastet, derweil eigentlich niemand sie wirklich hat.
Ein Phänomen der gebeugten Relativität. Eine X-Akte womöglich.

VERWANDTSCHAFT
Verschärfte und ungleich gefährlichere Form von ->Besuch, hängt doch von der Verwandtschaft nicht selten einiges ab. Das Wohlwollen der Verwandtschaft erleichtert regelmäßige Mietzahlungen und bedeutet in verschiedenen Fällen außerplanmäßige Gratifikationen in Form von Bargeld und mehr oder minder Nützlichem. Besuche der Verwandtschaft sind schwarze und arbeitsreiche Tage im WG-Leben, da die Diskrepanz zwischen Realität und dem zu erweckenden Eindruck mitunter immens ist.

ZENTRIFUGALSTAUBSAUGER
Wenn Sie behaupten wollen, dass Ihnen in diesem Zusammenhang ein besseres Wort mit Z eingefallen wäre, schreiben Sie doch einfach ein Buch, Sie Besserwisser.